LETTRE D'UN CHOUAN,

SUR

LES ÉVÉNEMENS DES 18 ET 19 BRUMAIRE,

Trouvée dans les équipages d'un chef de Rebelles, tué à Passy, près Évreux, le 6 frimaire an VIII.

Paris, 18 novembre 1799.

JE vous ai fait part, monsieur, d'une manière très-succincte des événemens des 9 et 10 de ce mois, journées que ces gens-ci appellent, dans leur nouveau jargon, des 18 et 19 brumaire; je n'ai pu me livrer à aucun développement, encore moins à des conjectures raisonnables sur les suites de la destruction du gouvernement *révolutionnaire*, quoiqu'on l'appelât *constitutionnel*. Je vais maintenant essayer de vous donner des notions justes des causes qui ont préparé la catastrophe du Corps législatif.

Vous avez pu voir, par le résultat des observations que m'ont fournies mes voyages dans toutes les parties républicanisées de la France, qu'il existoit partout une haine sourde contre l'oppression qui résultoit de la constitution, du jeu des pouvoirs constitués, et surtout de leur composition. Ce n'a pas été pour nous un petit mystère de concilier le maintien de la République avec le mépris fortement et universellement prononcé de ses institutions; mais nous avions tort de croire que de tels ennemis étoient nos partisans : chaque individu énoit mécontent pour son compte, et restoit *coi*, parce qu'il craignoit d'être plus mal encore..... Les résolutions généreuses ne sauroient être le résultat de l'intérêt personnel.

Telle étoit la situation du peuple. D'un autre côté, une guerre longue, qui a rendu le militaire nécessaire; son intervention, imprudemment employée dans les troubles civils; sa force, invoquée tour à tour par des pouvoirs divisés; tout a concouru à lui dévoiler le secret de son importance, et malgré les injurieuses précautions de la constitution, les généraux ont été forcés de s'appercevoir qu'ils étoient quelque chose, puisque la gloire et la sûreté nationales étoient leur ouvrage. Ils ont, peu à peu, rendu à leur profession l'indépendance qui la caractérise; et malgré leurs petites intrigues pour se supplanter les uns les autres, ils portoient tous, au fond du cœur, le mépris des personnes que l'on présentoit à leurs hommages, le sentiment de leur propre supériorité, et l'insupportable ennui d'une position contre nature.

Les Conseils..... L'art de l'observateur est ici en défaut. Comment vous peindre cette cohue de législateurs, arrivant des quatre coins de l'empire tout exprès pour le gouverner? Les trois quarts de ces ridicules personnages ne savoient rien, et vivoient ici sans rien apprendre. Les connoissances positives qui leur manquoient, étoient remplacées par l'orgueil de croire qu'ils pouvoient s'en passer, et il faut leur rendre cette justice, de convenir qu'ils ont conservé jusqu'à la fin de leur calamiteuse carrière, cette fière indépendance qui caractérise l'homme libre, contre toute espèce de lumières, de bon sens et de goût.

Mais dans cette masse de 750 personnes, mises en deux paquets inégaux, il y avoit des caractères de toute façon, des passions plus ou moins exaltées, et des intérêts très-divers. Les partis qui s'étoient formés dans le Corps législatif tenoient de toutes ces circonstances : on pouvoit en compter trois principaux, qui se subdivisoient, dit-on, en plusieurs autres, mais j'avoue que mon œil profane n'a jamais pu distinguer ces nuances.

Le parti le plus fort, quoique le moins nombreux, étoit celui des patriotes; c'est ainsi que s'appellent aujourd'hui les jacobins. Composé de la lie révolutionnaire, il n'en avoit aucun des talens réels, mais il en avoit conservé les formes, un peu de son audace, et surtout cette indifférence impie sur les inconvéniens qui naissoient de leurs mesures. Leur but très-évident étoit de renverser le Gouvernement, de rappeler les pouvoirs, et de l'ériger de nouveau en *Convention*. Peut-être lui auroient-ils donné un autre nom, mais le peuple n'eût rien perdu au change.

Un autre parti, assez nombreux, mais réduit au silence, étoit qualifié de modérés, Clichiens, Aristocrates, Chouans, et en vérité c'étoit leur faire beaucoup d'honneur. Ils haïssoient le Gouvernement, parce qu'il étoit trop révolutionnaire pour eux, tandis qu'il ne l'étoit pas assez pour les Patriotes. En outre ils avoient toujours sur le cœur, le 18 fructidor, qui avoit choisi ses victimes parmi eux.

Le plus nombreux des partis étoit composé de l'espèce qu'on appeloit autrefois le Ventre, on les nommoit les *Gouvernantistes* ou *Constitutionnels*. Les amateurs de crédit, de places, d'argent, et les insignifians, en remplissoient les rangs : on peut dire de ce parti, qu'il étoit de bonne foi, car il tenoit à la constitution comme à ses appointemens.

Telle étoit la situation des esprits, lorsqu'on apprend, un beau matin, que Bonaparte a abordé les rivages de la Provence. Cette espèce de miracle n'est point perdue pour les espérances ni pour les intrigues ; elles reprennent un moment haleine, et chaque parti, craignant de le trouver opposé, veut l'avoir de son côté. Le voilà donc le confident de tous les projets, et l'agent nécessaire de toutes les entreprises ; et l'on ne peut s'empêcher d'admirer avec quelle sagacité il a jugé, en aussi peu de temps, le mérite de sa position : sagacité telle, qu'il n'a mis juste que le degré de force qu'il falloit pour réussir.

Je m'apperçois, monsieur, que j'ai oublié de vous parler du Directoire. Ce n'est pas ma faute ; il s'étoit oublié lui-même. Chaque Directeur avoit plus ou moins de tendance à s'associer à l'un ou l'autre parti des Conseils ; leurs occupations consistoient à se maintenir en place le plus de temps possible, à faire chasser ceux de leurs collègues qui leur déplaisoient ; et leur mérite étoit de réussir.

Revenons à mon sujet, et entendez Bonaparte répondre à toutes les confidences, et dire au peuple :... *Vous êtes excedé de Directeurs, de Députés : laissez-moi faire, je vais chasser tout cela* Au militaire mécontent et humilié :... *Aidez-moi, et vous aurez la place qui vous est due.* Aux patriotes.... *Le Directoire est aristocrate et gouverne mal ; ôtons-le de là, et alors vous serez les maîtres.* Aux Clichiens..... *Les Directeurs sont de francs démagogues, il faut y mettre vos amis.* Aux Constitutionnels...... Ma foi, je crois qu'il ne leur a rien dit, sinon qu'ils garderoient leurs appointemens ; et il leur a tenu parole.

En voilà assez, monsieur, sur ce qui s'est passé. Cet événement de huit jours est déja vieux d'un siecle pour Paris où l'on se souvient à peine qu'il ait jamais existé de Députés. Mais on parle volontiers de la constitution future, et cette question balance avec assez d'avantage les discussions sur le mérite des compositions théâtrales, et sur celui des acteurs.

Je voudrois pouvoir vous donner quelques détails positifs sur les bases de ce nouvel ordre de choses, mais je vous avoue mon ignorance, et pour ne pas vous tromper, je me bornerai à quelques conjectures fondées sur des probabilités assez sûres, sur le caractère des hommes les plus influens, enfin sur quelques mots échappés à ces mêmes hommes, avidement recueillis par ceux qui les entourent.

Bien des personnes croient que la constitution sera une œuvre bien métaphysique, mais d'autres prétendent qu'elle ne sera approuvée qu'autant qu'elle sera tout bonnement faite pour des hommes, et même pour des Français. Quoiqu'il en soit de ces deux opinions, on s'accorde néanmoins à dire qu'elle reposera sur des bases libérales; qu'on y trouvera la garantie de la propriété et de la liberté civile; que toutes les distinctions de classes, de partis, etc. etc. seront effacées de sorte qu'il n'y ait plus en France que des Français égaux en droits, sauf la fortune, les services, les talens, et la popularité qu'il faudra tâcher de se procurer avant que d'être quelque chose.

Je suis ici, monsieur, pour vous rendre compte des événemens, des opinions courantes et des réflexions de nos amis; ce seroit donc manquer tout à la fois à mes devoirs et à la confiance dont vous m'honorez, si je vous dissimulois le résultat de nos conférences. Je laisse à votre prudence le choix du moment pour le communiquer à nos braves camarades; je crois même qu'il sera convenable de ne vous ouvrir que peu à peu, avec certains qui peuvent avoir des intérêts particuliers et même des vues opposées aux nôtres.

En politique et en guerre, on est toujours plus riche des sottises de son ennemi que de son propre fonds. Ainsi, indépendamment de nos forces réelles et de nos ressources, nous en avons emprunté de très-efficaces de la tournure qu'avoient prises au dedans et au-dehors les affaires des républicains. Jusqu'à présent tout nous a servi à souhait. La loi sur les ôtages a réveillé les paresseux, et nous a rendu des chefs utiles. Celle sur la conscription nous a fourni des soldats de toutes les provinces. Les réquisitions nous ont servi de prétexte et d'exemple, et nous avons pris les devants. De plus, l'intervention de l'Espagne comme partie active dans la guerre maritime, ayant complettement arrêté le commerce et la fabrication des toiles, nous avons eu à notre disposition la presque totalité des habitans de notre province, qui nous servent à faire marcher les autres. Enfin j'ai vu le moment où nous touchions le but de nos pénibles travaux ; la patrie en danger nous eût sauvés. On n'est pas toujours heureux ; il ne faut plus y songer.

De toutes les branches de nos opérations, la mieux traitée étoit celle de l'opinion. Une conduite plus réguliere, une discipline mieux établie, moins de vexations envers les particuliers ; tout cela adroitement semé dans le public par nos amis, par les journaux de tous les partis, par des hommes neutres ; tout concouroit à ce qu'on ne nous regardât plus comme un fléau. Nous étions un parti de plus, et nous étions le moins à craindre pour la masse du peuple accoutumée depuis long-temps à ne plus se mêler des querelles de ceux qui se disputent le pouvoir.

Ces heureuses circonstances ne doivent-elles pas changer ? 1°. Le rapport de la loi des ôtages va diminuer le nombre des mécontens ; 2°. Le respect religieux exigé si rigoureusement pour tant de baliverneries républicaines sera fort relâché ; 3°. Les troupes mieux payées et plus considérées, nous fourniront moins de déserteurs ; 4°. Le gouvernement concentré en des mains fermes, présentera aux puissances étrangeres une garantie suffisante pour la paix. Enfin nous ne pouvons nous dissimuler à nous-mêmes que nous sommes perdus si l'on s'avise de relever les atteliers et le commerce, si on assure la liberté des cultes et la liberté civile, enfin s'il suffit d'être bon Français pour jouir de tous ses droits naturels et politiques.

Nous avons, direz-vous, bien des chances pour nous. Et d'abord, Bonaparte n'est pas immortel; il a des ennemis et des jaloux; il peut mourir d'apoplexie ou d'une indigestion. Quelle réaction! quelle terreur! La France entiere seroit forcée de se jetter dans nos bras. D'un autre côté, les faiseurs d'aujourd'hui peuvent être aussi malheureux que leurs prédécesseurs, et manquer leur grand œuvre. Et fut-il la plus belle chose du monde, (ce que je ne crois pas possible), le peuple français pourroit être assez peu avisé pour ne pas s'en accomoder. etc. etc.

Je répondrai à ces objections que la fortune qui jusqu'ici a favorisé Bonaparte, ne l'abandonnera pas au port. Mais comme je ne suis pas superstitieux, je pense que le culte qu'il paroît rendre à cette antique divinité, est plus systématique que réel : c'est le seul prestige dont on puisse s'entourer aujourd'hui aux yeux de la multitude. Croyez qu'on n'est aussi constamment heureux que quand on mérite de l'être. Bonaparte est fin sans fourberie, audacieux sans étourderie, prudent sans timidité. Il peut avoir l'air d'attribuer à la fortune ce qu'il doit réellement à ses méditations. Il se sert de ce prétexte pour excuser son audace, parce que cela n'humilie personne. Je crois donc qu'il faut s'arrêter à cette idée, qu'il ne lui arrivera rien de fâcheux que ce qu'il est humainement impossible d'empêcher.

En second lieu, que la nouvelle organisation soit bonne ou mauvaise; qu'elle plaise ou qu'elle ne plaise pas, il faudra qu'elle marche, et que tout le monde marche avec elle; car ce sera certainement lui qui sera le cocher de cette nouvelle voiture. Quelle que soit sa forme, le peuple qui ne paiera pas les places plus cher, qui ne sauroit être plus mal que dans la brouette constitutionnelle, et qui surtout sera mené rondement, s'inquiétera peu d'être tiré par des chevaux ou par des mules : il se laissera mener de bonne grâce, plutôt que de se faire écraser sous les roues.

Je conviens avec vous que dans les circonstances actuelles il est difficile de nous arrêter et impossible de nous détruire. Mais qu'elles viennent à changer soit en bien soit en mal, examinons la question dans les deux hypotheses possibles : ceci est digne de la plus haute attention.

Si le nouveau Gouvernement s'établit et se fortifie, comme on l'espere ici, il aura de l'unité et par conséquent de la force; la main qui en tiendra les rênes, ne foiblira pas, et pour les lui enlever, il ne suffira plus d'avoir fait des motions dans des clubs, ou d'avoir plaidé pour un mur mitoyen dans un baillage de province. Ce Gouvernement pourra donc faire la paix avec quelques-unes des puissances coalisées, que leurs victoires ou leurs défaites brouillent également; peut-être avec toutes. Dans cette hypothese, réduits à nos propres forces, nous sommes menacés d'une destruction totale dont rien ne peut nous garantir; et je doute qu'alors, nous autres chefs, nous fussions à temps de traiter d'aucune composition.

Supposons maintenant que rien de tout cela n'arrive. Nos succès, au contraire, surpassent tous nos vœux; la France se couvre de royalistes; les Français viennent tout à coup à récipiscence, et d'un cri unanime, nous appelons LE ROI.... Où est-il? Dans une honorable prison, à Mittau, à Édimbourg, je ne sais où; chez nos amis du moment, mais chez les ennemis permanens de la France. De sorte qu'en derniere analyse, le plus grand bonheur qui puisse nous arriver, est de mettre le royaume dans la position critique où il se trouva pendant la captivité du roi Jean, ou celle de François premier.

Je ne sais, monsieur, si cette réflexion fera quelque impression sur votre esprit; quant à moi, elle me tourmente depuis long-temps, et je la dois à la singuliere conduite des puissances étrangeres. Qu'ont-elles fait jusqu'à présent? Quels secours efficaces nous ont-elles fourni? Que ne nous ont-elles pas promis: que nous ont-elles donné? Fort peu d'argent, distribué, Dieu sait comment! quelques armes, juste ce qu'il nous nous en faut pour nous faire tuer, et beaucoup de promesses qui ne se sont jamais réalisées.

Je vais plus loin, et je fais ce dilème; ou les princes sont libres ou ils ne le sont pas. S'ils sont libres, pourquoi, jusqu'à présent s'être refusés à nos instances? N'avions-nous pas besoin d'un chef qui mît de l'ensemble dans les parties décousues de notre entreprise? Et quand depuis dix ans nous versons notre sang sur les échafauds et aux champs de l'honneur pour cette auguste et malheureuse race, est-ce trop exiger que de demander qu'il en vienne un se mettre à notre tête, partager nos dangers, et en recueillir les fruits? N'est ce pas en leur nom et pour eux que nous avons pris les armes?

Si les princes ne sont pas libres, comme j'aime à le croire, pourquoi nous battons-nous ? Après avoir tout sacrifié pour conquérir le royaume à son légitime souverain, il faudra encore sacrifier la moitié de nos conquêtes pour le racheter de captivité : n'est-ce pas là le sort qui nous attend ? Quand à moi, je ne vois aucune issue pour sortir de ce labyrinthe.

Mais, considérons la question sous son véritable aspect. Qu'est-ce que la royauté ? Elle peut bien être le *but* d'un individu, ou d'une famille, mais pour nous, elle ne peut être qu'un *moyen* efficace de garantir la propriété et la liberté des citoyens. Si dans l'inextricable embarras où nous nous trouvons on établit un ordre de choses tel qu'on puisse nous garantir les droits sacrés dont nous avons été dépouillés par quarante milles lois, qui, après avoir tout détruit, se sont détruites elles-mêmes, il me semble que nous avons rempli notre but en gens d'honneur, et qu'il seroit imprudent de jouer de nouveau avec des probabilités de succès décroissantes.

Oui, monsieur, je n'ai cessé de le dire, c'est notre propre démocratie qui nous tue ; n'est-ce pas une honte que nous autres royalistes, nous nous conduisions comme des républicains, tandis que les républicains ont su établir et maintenir une hiérarchie militaire plus que royale ? Messieurs P.....D. et L. M. n'en veulent pas convenir, ils s'emportent quand on leur parle de faire venir un prince; sans doute qu'ils ont de bonnes raisons pour cela, mais nous en avons de meilleures pour tenir à notre opinion, et puisqu'ils ont passé et repassé cent fois, le trajet ne seroit pas plus difficile pour tout autre que pour eux, s'il n'y avoit quelque grande raison de politique qui s'oppose à ce que nous ayons un chef suprême.

En examinant les choses sous le point de vue de l'économie, j'observe que nous paralysons, dans l'intérieur, 50 mille républicains, occupés à nous chercher, plutôt qu'à nous combattre. Ces 50 mille hommes, employés en Italie ou en Allemagne, exigeroient un nombre au moins égal d'Allemands ou de Russes à la solde de l'Angleterr, ce qui lui coûteroit plus de 5 mille louis par jour; j'ai fait le relevé des sommes que nous avons reçues depuis un an, et c'est tout au plus si nous avons reçu par mois ce qu'il leur en auroit coûté par jour. Les secours que nous recevons ne sont donc qu'une spéculation de finance, de la part de nos alliés. Ils font sonner bien haut le prix de leur protection, ils exigent presque notre reconnoissance, tandis qu'ils ne nous donnent réellement que ou 4 pour cent des bénéfices que nous leur procurons.

Je vous ai instruit dans le temps que L. G. H. (1) étoit parti avec des instructions pour traiter de la paix : je vous en ai dit mon avis. Je suis certain qu'il a reçu, ou qu'il recevra incessamment de nouveaux pouvoirs et de nouvelles bases ; je pense qu'il y aura plus de sûreté maintenant, que lors de son départ, et vous pourrez croire à ce qu'il vous dira, s'il ne vous fait pas des promesses extravagantes. Vous savez qu'il nous en a coûté cher il y a quatre ans, pour avoir voulu croire à la récipiscence de ces gens-ci ; mais le besoin, l'expérience et le temps les a guéris, en grande partie, de leur frénésie destructive ; n'oubliez pas, surtout, que les derniers événemens nous annoncent des hommes tout à fait différens de ceux avec qui nous avons eu affaire. C'est donc de notre salut ou de notre perte que vous avez à délibérer.

Je suis, etc. etc.

---

(1) Sans doute le général Hédouville.

De l'Imprimerie d'ÉGRON, rue des Noyers.

www.ingramcontent.com/pod-product-compliance
Lightning Source LLC
Chambersburg PA
CBHW070543050426
42451CB00013B/3156

donc, qu'à sa présomption, ce qu'il dit de bon dan cet article.

Le ton dogmatique ne convient à votre Héros, qu'autant qu'il est assaisonné d'une dose de fiel. Les louanges qu'il a voulu mêler, en faveur de Moliere, à la critique qu'il réservoit à Despreaux, ont tout gâté dans ce qu'il nous dit au sujet *des Fourberies de Scapin*. Et vous allez voir que les décisions, où le sang froid n'a point de part, manquent ordinairement de bon sens. Despreaux accuse Moliere d'avoir allié Tabarin avec Térence : on ne voit que Tabarin dans les Fourberies de Scapin : donc l'accusation de Despreaux est fausse. Belle conséquence ! Moliere n'a-t-il composé que cette Farce ? N'est-il pas Auteur du Misantrope & de Scapin, du Tartufe & du Cocu imaginaire, des Femmes Sçavantes &

du Mariage forcé ? Il me semble que ces comparaisons aménent assez naturellement celle de Térence & de Tabarin. Nous n'en sçavons pas plus mauvais gré à Moliere, ajouta-t-on. Il avoit à satisfaire des Courtisans, des Connoisseurs, & le Peuple. Il a toujours réussi conformément à son intention. Trouve-t-on cette supériorité de génie dans les Auteurs d'aujourd'hui ? Si nous voulions même examiner certaine Piéce de l'Anonyme, (supposé que votre conjecture soit vraie) nous y verrions les platitudes les plus insupportables avec des traits excellens. L'Auteur l'a si bien senti, qu'il a mieux aimé désavouer cette production, que d'essuyer ce reproche; mais le Public n'a point pris le change.

Psyché peut servir de preuve à l'ostentation de votre Historien, a-t-on continué, à peu-près comme le Bourgeois-Gentilhomme ; car il auroit pu se dispenser de citer les noms de *Mazarin*, de *Perrin*, de *Cambert*, de *Sourdeac*, de *Lully*, de *Quinault*, que nous connoissons aussi bien que lui, & qui n'entrent pour rien dans la vie de Moliere. Sa dissertation sur les Intermedes en musique, sur les danses dans le Spectacle, & sur ce qui fait l'agrément d'un Opéra, n'y étoit pas plus nécessaire. Tout son étalage est donc en pure perte pour lui, étant déplacé.

Ennuyé d'une pareille discussion, quelle injustice, me suis-je écrié ! Pourquoi interprétez-vous si mal l'intention de l'Auteur ? Prouvez-moi la malice que vous lui attribuez. Rien de plus facile, m'a-t-on dit Tant que l'Anonyme reste dans le raisonnable & dans le vrai sur le compte de Moliere, il est le simple écho de Monsieur de Grimarest. Ce n'étoit donc pas la peine de nous donner une nouvelle Vie de Moliere, puisqu'il n'avoit rien à nous apprendre. Nous étions contens de ce que nous avions. Nous y trouvions de la vérité, de la variété, une Chronologie suivie des Aventures & des compositions de Moliere; des détails agréablement circonstanciés. Nous n'en demandions pas davantage. En vertu de quoi l'Anonyme veut-il que nous regardions comme faux ce que Monsieur de Grimarest nous rapporte des aventures de Moliere? Est-ce parce qu'il le dit? Il ne s'est point encore acquis assez de confiance pour donner du poids à son témoignage.

Ne voyez-vous pas, répondis-je, que ce témoignage est étayé de celui d'un Prince, d'un Duc, d'un Abbé, aufquels Chapelle n'a jamais rien dit de ces Aventures? Oui, nous voyons, que ces perfonnes illuftres ne font amenées ici, que par la vanité d'un homme, qui fent bien, qu'il ne fe feroit jamais trouvé en fi bonne compagnie, s'il n'avoit été fecondé par des talens, qui brilloient peut-être moins en lui, que dans les Seigneurs qui ont daigné l'élever jufqu'à eux. D'ailleurs peut-on attefter un fait, dont on n'a point été témoin? Quand Moliere étoit dans fa Maifon d'Auteuil avec Chapelle & Baron, pouvoit-on deviner ce qui fe paffoit entre eux? Il a donc fallu, que l'un des trois en ait rendu compte. Chapelle ne trouvoit pas d'avantage à le publier, quand la réflexion venoit à la fuite du rolle qu'il y avoit joué. Tout le monde sçait, que Monsieur de Grimarest & Baron ont été en liaison particuliere pendant plusieurs années. En voilà assez pour réprimer le ton affirmatif de l'Anonyme.

Vous ne pensez pas, dis-je à ces Messieurs, que depuis quarante ans, que Monsieur de Grimarest a donné son Ouvrage, l'Anonyme a pu découvrir de nouveaux Mémoires. Cela n'est pas impossible, me dit-on. Mais il nous auroit apparemment fait part de quelques nouveautés, à moins qu'il ne les réserve, pour nous donner dans quinze jours une nouvelle édition de sa maigre Brochure; car ces Mémoires, suposé qu'il en ait, ne peuvent avoir pour objet [de détruire des faussetés qu'on ne prévoyoit pas. Et puis y a-t-il à balancer entre un Contemporain, qui a toujours passé pour bon Ecrivain, qui s'est acquis une réputation exempte d'atteinte à tous égards; & un Auteur, qui, soixante & six ans après la mort de Moliere, s'avise de tronquer une bonne Histoire, sans y mettre du sien, que des critiques hors de place, ou des médisances impardonnables ? D'un autre côté quelle confiance donner à un homme indécis entre le oui & le non ? Selon l'Anonyme (page 31.) on refusa d'enterrer Moliere ; & (page 32.) il fait un détail de son convoi & de son enterrement à peu-près conforme à ce qu'en dit Monsieur de Grimarest, sinon que ce dernier est plus circonstancié.

Page 53. Le Roi n'a point fourni à Moliere le caractere du Chasseur dans les Fâcheux ; & (page 55.) ce fut à Saint Germain que Sa Majesté ordonna à

Moliere de joindre à sa Piéce la Scéne du Chaffeur. Quelle prudence ! N'eſt-il pas vrai, continua-t-on en s'adreſſant à moi, que ſi ces obſervations ne vous avoient échapé, vous auriez fait un autre uſage de votre zéle ? Je vous avoue, Monſieur, que je me ſentis un peu ébranlé ; mais non pas convaincu. Soit juſtice, ſoit entêtement, je ne puis, dis-je à mes Critiques, abandonner mon Anonyme.

Vous aurez bien à travailler, m'a-t-on répondu, ſi vous entreprenez de le juſtifier ; car il ne penſe pas plus juſte, quand il accuſe, que lorſqu'il décide. Pour chercher querelle à Monſieur de Grimareſt, il qualifie d'eſpece d'Epitaphe une Piéce de Vers du P. Bouhours, prétendant qu'elle devoit être à la ſuite du détail de la mort de Moliere ; & il ajoute, avec aſſez peu de réflexion, que c'est la seule, dont il n'ait point été fait mention dans son Ouvrage. Après une pareille décision, on doit s'attendre à y trouver toutes les autres Piéces qui ont été faites à ce sujet. Point du tout. Monsieur de Grimarest n'en rapporte qu'une seule, qui est véritablement une Epitaphe, & qu'apparemment il a jugé devoir faire le plus d'honneur à Moliere, tant par la pensée, que par le rang & l'état de celui qui l'a composée ; elle est en latin. Depuis quand un Auteur est-il dans l'obligation de faire un recueil de tout ce qui a été fait à la louange de la Personne dont il écrit la Vie ? C'auroit été un second Volume, qui, sans doute, auroit mis votre Anonyme de mauvaise humeur. Une lecture suivie à la gloire de quelqu'un lui causeroit des vapeurs. De quelque mouvement qu'il soit agité, il n'en est pas plus conséquent. La brouillerie de Moliere & de Racine l'étonne. Il n'avoit qu'à faire attention au procedé de Racine, il seroit revenu de sa surprise. La pensée la plus juste qui soit dans sa Brochure, est celle que lui fournissent les Satyres sanglantes, que Moliere & Boursault ont faites réciproquement l'un contre l'autre. *Il est honteux* assurément *que les hommes de génie & de talent s'exposent, par ces petites guerres, à être la risée des sots.* Mais ne se met-il point au rang des premiers, ou son assurance le met-elle à l'abri des ris ?

Enfin, Monsieur, on ne fit aucun quartier à mon pauvre Auteur. On lui sçut mauvais gré de n'avoir point fait mention du motif qui avoit fixé le goût de Moliere pour le Théâtre; d'avoir gardé le silence sur les raisons, qui lui firent refuser la place de Secretaire de Monsieur le Prince de Conti.

On se plaignit, de ce qu'il avoit si peu ménagé Corneille sur ses premieres Piéces. Les Chef-d'œuvres, que cet excellent Poëte a donnés depuis, devoient bien, dit-on, le mettre à l'abri de la censure d'un Novice.

On demanda aussi, qui l'avoit chargé d'installer le Cardinal de Richelieu sur le Parnasse, pour quelques vers de la Tragédie de Mirame, qu'il lui attribue, & que ce grand Ministre n'avoueroit peut-être pas ; & chacun dit en particulier, qu'il ne se trouveroit point du tout honoré d'y être admis sous les auspices d'un homme, qui n'a pas assez de confiance dans les suffrages du Public, pour mettre son nom à la tête de son ouvrage.

Cela se termina par vouloir indisposer toute la nation contre lui, à cause de sa critique sur nos Sales de Spectacles.

Je vous avoue, Monsieur, que j'étois si outré, de voir ainsi maltraiter mon Historien, que je quittai brusquement tous ces impitoyables Censeurs, dans l'espérance, que vous m'aideriez à les confondre. Peut-être y trouverez-vous de la difficulté. Mais plus les obstacles sont réels, plus je serai sensible au plaisir que vous m'aurez fait, de soutenir un Auteur que j'affectionne sans le connoître, & que je serois bien aise d'encourager par la défaite de ses adversaires. Vous ne sçauriez me rendre un service, qui m'engage plus fortement à vous donner des preuves de la véritable considération avec laquelle je suis, &c.

P. S. Me voici plus embarrasfé que jamais. Je reçois dans le moment une lettre, par laquelle on me mande, que la nouvelle Vie de Moliere est affichée sous le nom de Monsieur de Voltaire. Je crois avoir Ville gagnée ; & un moment après j'apprends que les Libraires qui ont imprimé nouvellement les Oeuvres de Moliere, n'ont pas voulu y joindre cette Vie de l'Auteur, dans la crainte de déshonorer leur Edition. Cela me paroît si contradictoire, que je ne sçais à quoi m'en tenir. Eclaircissez-moi, s'il vous plaît.

www.ingramcontent.com/pod-product-compliance
Lightning Source LLC
Chambersburg PA
CBHW070543050426
42451CB00013B/3157